春のおやつ

30分でできる伝統おやつ

伝統おやつ研究クラブ 編

春のおやつ＊もくじ

なんでも知ってる
ねこ先生

身近な材料を使って、作りやすい分量で作れます。
しあげやもりつけは、おこのみで
アレンジすると楽しいね。

- おやつを作る前に読みましょう…3
- 西と東のおやつくらべ…15
- しぼりだし袋の使い方…34
- カスタードクリームの作り方…35
- チョコレートガナッシュを作ろう…44
- つぶあんを作ろう…46

ねこ先生が、おいしくしあがる
コツをしっかり教えてくれます。
わたしたち「おやつ作り隊」の
隊員もお手伝いします。

知りたがりやの
うさぎさん

日本のおやつ

- いちご大福　蒸す＊25分…6
  - フルーツ大福　蒸す＊25分…7
- うぐいすもち　蒸す＊20分…8
- すはま　手でまるめる＊15分…10
- さくらもち…12
  - 関西風さくらもち　蒸す＊30分…13
  - 関東風さくらもち　焼く＊30分…14
- かしわもち　蒸す＊25分…16
- たまごぼうろ　焼く＊25分…18
  - そばぼうろ　焼く＊30分…19
- ちんびんとぽーぽー　焼く＊30分…20

世界のおやつ

- パラチンキ　焼く＊20分…22
- チェー　グラスに入れる＊15分…24
- いちごババロア　冷やしかためる＊25分…26
- スコーン　焼く＊30分…28
- ポンデケージョ　焼く＊25分…30

お味見大すきなこぶたちゃん

チャレンジ 本格おやつ

- シュークリーム　焼く＊45分…32
- 三月菓子（サングァチグァーシ）　あげる＊35分…36
  - サーターアンダギー　あげる＊25分…37
- やしょうま　蒸す＊45分…38
- レチェフラン　蒸す＊45分…40
  - カスタードプリン　蒸す＊30分…41
- マカロン　焼く＊45分…42

段取りじょうずな
わにくん

研究熱心な
りすくん

おやつにまつわる
いろいろなお話も
楽しいよ。

＊アレルギーのもとになる食材のうち、表示義務のある「特定原材料」えび、かに、小麦、そば、卵、乳、落花生の7品目を使っていないものに●マークをつけました。参考にしてください。
＊クッキングタイムはだいたいの目安です。作業のしかたで多少変わります。

おやつを作る前に読みましょう

大切なことが書いてあるよ。かならず読んでね。

おやつ作りの進め方

1. **作り方をひととおり読んでおきます。**
   はじめる前に作り方の手順を頭に入れておくと、作業を進めやすくなります。

2. **身じたくをしましょう。**
   髪の毛が長い人は結び、つめがのびていたら切ります。せっけんで手を洗い、エプロンをつけましょう。

3. **使う道具と材料をそろえましょう。**
   作っているとちゅうであわてないように、必要な道具はあらかじめそろえておきます。

4. **材料を正確にはかりましょう。**
   とくに外国のお菓子は、材料を正確にはからないと、じょうずにしあがらないことがあります。

終わったら、あとかたづけも忘れずにね。

g＝グラム　mL＝ミリリットルと読みます。mLとccは同じです。

材料のはかり方

* **計量スプーン…** 大さじ1は15mL、小さじ1は5mLです。
* **計量カップ…** 1カップは200mLです。

多めにすくい、よぶんなところをへらで落とします。

これが大さじ1

半分のところをかきだします。

これが大さじ1/2

液体は表面がふくらむくらいまで入れます。

平らなところにおいて、めもりの位置と目の高さを同じにしてはかります。

* **ひとつまみ…** 親指、人さし指、中指の3本の指の先でつまみます。

* **はかり**
  からのボウルをのせて、めもりをゼロにして材料をはかります。ゼロにできない場合は、ボウルの重さをはかって、それに分量の重さを足してはかります。

この本によく出てくる用語

* **室温におく**
  冷蔵庫から出して部屋においておくこと。あたたかい季節のときは20～30分前に、寒い季節のときは40～50分前に出しましょう。

* **粗熱をとる**
  手でさわれるようになるまで温度を下げること。

* **あわだてる**
  生クリームや卵を、あわだて器を使って、空気をふくませるようにまぜ、ふんわりさせること。ボウルに油分や水がついているとあわだちが悪くなるので、きれいなものを使います。

* **湯せんにかける**
  生地やクリームの入ったボウルの底を、お湯の入ったボウルやなべにつけて温めること。

* **打ち粉をふる**
  生地をあつかうとき、くっつかないように台やバットなどに粉をふること。

* **お湯の温度**
  （この本では以下の温度を目安にしています）
  ぬるま湯／30～35度くらい。ぬるめの人肌くらいの温度です。
  お湯／50～60度。ふっとうしたお湯に同じ量の水を加えるとだいたいこの温度になります。
  熱湯／ふっとう直前のもので、80度くらいです。

この本でよく使われる道具

*まな板
フルーツなどを切るときに使います。

*包丁
おさえる方の手は、指先をかるく内側にまるめておさえます。

*なべ
牛乳や水を温めたり、さとうを加熱してカラメルを作るときなどに使います。

*計量カップ
おもに液体をはかるときに使います。200mLのほかに300mLや500mLはかれるものもあります。

*ボウル
直径20cmぐらいのものを中心に大、中、小のサイズがあると便利です。

*耐熱ボウル
熱に強いボウルで、電子レンジで加熱するときに使用できます。

*バット
材料や生地を入れておくときに使います。

*はかり
1g単位ではかれるデジタルタイプが便利です。

*計量スプーン
大さじは15mL、小さじは5mLです。ほかに10mLや2.5mLのものもあります。

*こし器・茶こし
粉をふるったり裏ごししたりするときに使います。

*あわだて器
卵をあわだてたり、材料をまぜたりするときに使います。

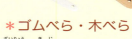
*ゴムべら・木べら
材料や生地をまぜるときや、取りだすときに使います。木べらは加熱しながらまぜるときに使います。

ゴムべらはシリコンでできているものが使いやすいです。

*めんぼう
生地を平らにのばすときに使います。

*はけ
牛乳などをぬってつやをだすときや、スポンジ生地にシロップをしみこませるときなどに使います。

*カード
生地を平らにしたり、取りだしたり、切りわけたりするときに使います。

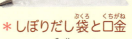
*オーブン用シート
型や天板にしいて使います。生地がくっつくのをふせぎます。

*しぼりだし袋と口金
クリームや生地をしぼりだすときに使います。口金は、よく使う1cmの丸型があると便利です。

*ハンドミキサー
電動のあわだて器です。たくさんの量を作るときに、早くあわだてることができます。

*流し型
生地を流しいれて、蒸したり、冷やしかためたりするときに使います。

*焼き型
生地を入れてオーブンで焼くときに使います。

*ぬき型
クッキーの生地をぬくときに使います。いろいろな形があります。

こんなものも使えるよ。

型の代わりに、あき缶や牛乳パックなども使えます。
（牛乳パックは加熱するものには不向きです。）

この本でよく使われる材料

＊生クリーム
動物性の乳脂肪分35％以上のものを使いましょう。あわだてるときは、冷蔵庫でよく冷やしたものを使い、ボウルの底を氷水にあてながら作業をします。

＊バター
バターには塩が入っている有塩バターと、入っていない無塩バターがあります。お菓子作りでは無塩バターを使います。この本でバターと書いてあるときは、無塩バターをさします。

＊卵
新鮮な卵を使いましょう。この本ではM玉（50～60g）を使っています。

＊天然色素
色をつけるときに使う食用色素で、植物から作られています。イメージの色になるまで、少量ずつ加えてようすをみます。

＊さとう
上白糖は、一般的によく使われているさとうで、あまみが強いのが特長です。グラニュー糖は、すっきりしたあまさで洋菓子によく使われます。食感をかるくしたいときに使う粉ざとう、ミネラルやたんぱく質が豊富な黒ざとうやきびざとう、てんさい糖などがあります。できあがりの色を気にしないときは、きびざとうやてんさい糖がおすすめです。

加熱する道具の使い方

＊オーブン
この本の焼き時間と温度は、ガスオーブンを使用したときの目安です。オーブンは機種によって焼きあがりがちがうので、うまく焼けないときは、温度設定を変えてみます。電気オーブンの場合は、10度ほど高く設定してみましょう。

＊ガスコンロ
カラメルを作ったり、生地をねったりと、おやつ作りではガスコンロをよく使います。

弱火
コンロの火がなべの底にあたらないくらいの状態です。

中火
コンロの火がなべの底に、あたるかあたらないかくらいの状態です。

強火
コンロの火がなべの底にしっかりあたっている状態です。なべの底からほのおがはみでるのはきけんです。

＊電子レンジ
電子レンジは機種によってワット数がちがい、ワット数によって加熱時間が変わってきます。この本では600ワットの機種を使っています。500ワットの機種では1.2倍に、700ワットの機種では0.8倍に換算してみましょう。時間は少なめに設定し、加熱しすぎないことが大切です。

＊蒸し器
蒸し器は下の段に水を入れて、あらかじめふっとうさせ、しっかり蒸気があがってから材料を入れます。水滴が落ちないように、ふたはふきんなどで包んでおきます。もち生地などを蒸すときは、よくしぼったぬれぶきんをしいた上におきます。熱いので、なべつかみや軍手を使いましょう。

火を使っているときは、火のそばからはなれてはだめだよ。

よく出てくる作業のコツ

＊卵白と卵黄の分け方
小さなボウルに卵を割り、大さじで卵黄だけをすくうと、かんたんに分けることができます。

＊粉のふるい方
空気をふくませ、だまになりにくくするためにも、粉はかならずふるってから使いましょう。大きめの紙を広げ、こし器の縁をたたくようにして、粉を落とします。

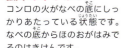

日本のおやつ

いちご大福

江戸時代から人気の大福です。
いちご大福が誕生したのは、1980年代。
歴史は短いですが、
今や和菓子の定番です。

●調理方法●
電子レンジ・蒸し器で
蒸す

クッキングタイム
25分

電子レンジを使うと、あっというまに作れるよ。

日本のおやつ

材料

8こ分
- いちご（小さめ）………8こ
- こしあん………120g
- 白玉粉………80g
- さとう………20g
- 水………120mL
- かたくり粉（打ち粉用）…適量

じゅんびしよう

* いちごは水で洗って水気をふきとり、へたを取る。
* あんこを8等分（15g×8こ）しておく。
* バットに茶こしでかたくり粉をふっておく。

❀蒸し器で作るとき❀

水を90mLにする。
● ボウルに白玉粉とさとうを入れる。水の3／4の量を加え、なめらかになるまでまぜる。5～6こに分けて、蒸気のあがった蒸し器にならべ、強火で15分蒸す。
● 取りだしてなべに入れ、弱火で温めながら、残りの水を加え木べらでよくまぜる。つやのあるもち生地になったら、バットにあけ5に続ける。
＊なべから取りだすときは、水でぬらした木べらやゴムべらを使いましょう。

作り方

1 いちごをあんこで包む。

いちごの頭を少し出しておくと、包んだとき大福のてっぺんが赤くなり、かわいいよ。

2 耐熱ボウルに白玉粉とさとうを入れ、水を少しずつ加えながら、ゴムべらでなめらかになるまでまぜる。

3 ラップをかるくかけて、電子レンジで2分加熱する。取りだして水でぬらしたゴムべらで、よくまぜる。

4 ラップをかけて、再び2分加熱する。取りだしてなめらかになるまでかきまぜる。生地に透明感と弾力があれば、バットにあける。足りないようなら、20秒ずつ加熱して、弾力をたしかめる。
＊電子レンジで加熱するときは、数回に分けます。いっきに加熱すると、むらができたり、加熱しすぎたりするからです。

5 もち生地にかたくり粉をふり、粗熱がとれたら、ぬらしたカードやゴムべらで8等分する。

6 もち生地をまるく広げ、1を包んで、まるめる。

わたしはももで作ろう。

蒸す25分

作ってみよう！フルーツ大福

キウイやぶどうなど、酸味のあるフルーツがおすすめです。包んだり、のせたり、いろいろためしてみましょう。

うぐいすもち

春をつげる鳥といわれるうぐいす。
そのうぐいすに色や形をにせて作った、
かわいい和菓子です。

●調理方法●
電子レンジ・蒸し器で
蒸す

クッキングタイム
20分

材料

8こ分
- 白玉粉………80g
- さとう………20g
- 水………120mL
- 青大豆きな粉……大さじ3
- こしあん………160g

じゅんびしよう

* あんこを8等分（20g×8こ）して、まるめておく。
* バットに茶こしで大さじ1の青大豆きな粉をふっておく。

青大豆きな粉
青大豆を炒って粉にしたものです。うすい緑色をしています。うぐいすきな粉ともいいます。

作り方

1 耐熱ボウルに白玉粉とさとうを入れ、水を少しずつ加え、ゴムべらでなめらかになるまでまぜる。

2 ラップをかるくかけて、電子レンジで2分加熱する。取りだして水でぬらしたゴムべらで、よくまぜる。

3 ラップをかけて、再び2分加熱する。取りだしてなめらかになるまでよくまぜる。生地に透明感と弾力があれば、バットにあける。足りないようなら、20秒ずつ加熱して、弾力をたしかめる。

4 バットにうつしたもち生地に、茶こしで大さじ1の青大豆きな粉をふる。粗熱がとれたら、ぬらしたカードやゴムべらで、8等分する。

5 もち生地をまるく広げ、あんこにかぶせる。親指と人さし指で下にのばし、上下を返してまるめる。両端をつまんでうぐいすの形にする。しあげに残りの青大豆きな粉をふる。

蒸し器で作る場合は、7ページのいちご大福の「蒸し器で作るとき」を見てね。

すはま

あまりなじみのない名前ですが、
駄菓子屋さんのきな粉棒と同じ材料で作ります。
しっとり味わい深いおいしさです。

●調理方法●
手でまるめる

クッキングタイム
15分

お茶席用の
お菓子としても
使われています。

日本のおやつ

材料

30こ分

- 水あめ………20mL
- お湯………20mL
- きな粉………40g
- きびざとう………20g
- きな粉（打ち粉用）…適量

青大豆きな粉を使うと、緑色のすはまができるよ。

きな粉
大豆を炒って皮を取りのぞいたあと、ひいて粉にしたものです。こうばしいかおりが特長です。たんぱく質や食物繊維が多くふくまれています。

じゅんびしよう

＊バットに茶こしできな粉をふっておく。

作り方

1 ボウルに水あめとお湯を入れる。ゴムべらでよくかきまぜ、水あめをとかす。

2 きな粉とさとうを加え、ゴムべらでまぜ、ひとつにまとめる。

3 バットにうつし、生地を5等分し、棒状にのばす。それぞれを6等分してまるめる。しあげにきな粉やさとうをまぶす。

空豆の形にしてもかわいいよ。

教えて！ねこ先生

それはね…

すはまってどういう意味ですか？

大豆の粉に水あめをまぜて棒状に作られたものを、もともとは、豆あめとよんでいました。すはまは漢字で「州浜」と書き、水の流れによってできた州が、入りくんでいるようすで、パターン化されて紋などに使われてきました。この州浜紋ににせて作った豆あめを、「すはま」として売りだしたのをきっかけに「すはま」とよぶようになったそうです。現在は空豆やだんごの形にしたものもすはまとよんでいます。
石川県七尾市の名物の豆あめは、青大豆の粉を使っているため、きれいな緑色が特長です。栄養価が高く日持ちがするので、古くは長い航海時の携帯食に利用されていました。

州浜紋

州が入りくんだ浜辺のようす

さくらもち

手作りのさくらもちを持って
お花見にでかけましょう。
楽しさがふくらみます。

関西風さくらもち

関東風さくらもち

日本のおやつ

関西風さくらもち

道明寺粉で作られているため「道明寺」ともよばれます。

道明寺粉
もち米を蒸してかんそうさせたあと、細かい粒の状態にしたものです。つぶつぶの食感が楽しめます。

● 調理方法 ●
電子レンジ・蒸し器で蒸す

クッキングタイム **30分**

材料

8こ分
- 熱湯………150mL
- さとう………大さじ1
- 道明寺粉………100g
- 天然色素（赤）………適量
- こしあん………120g
- さくらの葉の塩づけ…8枚

＊シロップ用＊
（まるめるときに手につけます）
- 水………20mL
- さとう………大さじ1

じゅんびしよう

* 天然色素を少しの水（分量外）でといておく。
* あんこを8等分（15g×8こ）して、たわら型にまるめておく。
* さくらの葉は水で洗い、よく水気をふきとる。軸のかたいところは、はさみで切る。
* シロップの材料を耐熱容器に入れ、電子レンジで30秒加熱し、さとうをとかす。

作り方

1 耐熱ボウルに熱湯とさとうを入れ、さとうをとかし道明寺粉を入れる。天然色素を少しずつ加えてまぜ、色をつける。ラップをかけてそのまま10分おいて吸水させる。

2 1のラップをはずして、水でぬらしたゴムべらでよくまぜる。再びラップをかけて電子レンジで2分加熱し、そのまま15分おいて蒸らす。

3 生地をひとつにまとめ、手にシロップをつけながら、4〜5回かるく手でもんだあと、8等分する。

4 手にシロップをつけながら、生地をてのひらでまるくのばし、あんこを包む。形を整え、さくらの葉で包む。

❀蒸し器で作るとき❀

熱湯を120mLにする。
● 1の作業をして10分吸水させたあと、蒸気のあがった蒸し器に広げ、強火で15分蒸す。蒸しあがったらボウルに取り、粗熱がとれたら3に続ける。

関東風さくらもち

江戸時代に、隅田川近くの長命寺の門番が、さくらの葉を塩づけにして作ったのがはじまりと伝えられていて、「長命寺」ともよばれています。ほのかなさくらの葉のかおりが楽しめます。

●調理方法●
フライパンで焼く

クッキングタイム **30分**

材料

8こ分
- 白玉粉………5g
- さとう………大さじ2
- 水………60mL
- 薄力粉………40g
- 天然色素（赤）………適量
- サラダ油………適量
- こしあん………160g
- さくらの葉の塩づけ……8枚

じゅんびしよう

* 薄力粉をふるっておく。
* 天然色素を少しの水（分量外）でといておく。
* あんこを8等分（20g×8こ）して、たわら型にまるめておく。
* さくらの葉は水で洗い、よく水気をふきとる。軸のかたいところは、はさみで切る。

作り方

1 ボウルに白玉粉とさとうを入れる。水を少しずつ加え、ゴムべらでおしつぶすようにして、なめらかにする。

2 薄力粉を加えてまぜ、さらっとした生地にする。

3 天然色素を少しずつ加え、うすいさくら色にする。

4 フライパンを中火で温め、サラダ油をうすくひく。よぶんな油をふきとり、生地をスプーンですくって流しいれる。スプーンの背を使って、長さ13cm幅6cmくらいのだえん形にのばす。

5 表面が半がわきになったら、裏に返してさっと焼く。
＊裏返したとき焼き色がつかないくらいがちょうどいい温度です。

重ねるとくっつくので注意してね。

6 焼きあがった皮は、ふきんをしいた皿にならべ、ぬれぶきんをかけておく。そのつどサラダ油をひいて残りの生地を焼く。

7 皮がさめたらてのひらに広げ、あんこをのせてまく。まきおわりを下にして、さくらの葉をまく。

教えて！ねこ先生

さくらの葉っぱは食べるの？食べないの？

江戸時代に流行したさくらもちは、さまざまな作り方で各地に広まり、関西では道明寺粉で作られるようになりました。元祖さくらもちの店では、ひとつにつき、さくらの葉を3枚使っています。さくらの葉は塩づけにすることで発酵し、あの独特のかおりがでます。かおりを楽しんだら、葉っぱはこのみで、食べても、食べなくてもいいです。

それはね…

日本のおやつ

西と東のおやつくらべ

さくらもちのように、同じ名前でも材料や形がちがうお菓子があります。
また、行事のときに食べられるものがちがっていたりします。
日本の西と東で、そのちがいを見てみましょう。

関西ではちまきを関東ではかしわもちを食べます。

ひなあられ

その昔、女の子がひな人形を持って川辺や野辺にでかけ、おひなさまに春の景色を見せてあげる「ひなの国見せ」という風習がありました。そのとき春のごちそうといっしょに持っていったのが、ひなあられのはじまりとされます。

西
もちを1cm角にくだいて、油であげたりあぶったりしたものに、しょうゆや塩で味つけします。昔はひしもちをくだいて作ったともいわれています。

東
かんそうさせた米に、熱を加えてはじけさせてできたもの（ポン菓子などともいいます）に、さとうであまく味つけしてあります。

5月5日の端午の節句に食べるものは？

西
昔中国では、屈原という人をしのんで、命日である5月5日にちまきを食べる風習がありました。この風習が端午の節句として、平安時代のころに日本に伝わりました。都があった近畿地方を中心に広まったといわれています。ちまきには、やくよけの願いがこめられており、関西では「ちまき」を食べる風習が根づきました。

東
かしわもちは日本で作られたものです。端午の節句にかぎらず、さるとりいばらの葉を使ったもちが、各地方で作られていました。江戸の商人が、手に入りやすいかしわの葉に目をつけ、端午の節句に「子孫繁栄の縁起物」として、かしわもちを広めたとされます。武家や町家では、庭にかしわの木を植える風習があったようです。

花見だんごは東も西も3つが一般的だね。

串にさすだんごの数はいくつ？

西
京都の下鴨神社から広まったみたらしだんごは、5つずつ串にさします。人間の体の五体、頭・首・胸・手・足、または頭・両手・両足に見立てているといわれています。

東
江戸でも、もともと1串5つで、5文で売られていました。しかし、4文銭が使われたのをきっかけに、計算しやすいように、ひとつへらして4つになったそうです。

かき氷のシロップは先、それともあとにかける？

西
器に氷をかいた上にシロップをかけます。

東
器にシロップを入れてから、氷をかきます。（近年は関東でも、氷の上からシロップをかける店がふえています。）

かしわもち

「こどもの日」(端午の節句)には、欠かせません。
手作りならではの、もちもち感を
味わってください。

●調理方法●
電子レンジ・蒸し器で
蒸す

クッキングタイム
25分

ご愛読ありがとうございます

今後の出版の参考のため、みなさまのご意見・ご感想をお聞かせください。
〈年齢・性別の項目へのご回答は任意です〉

この本の書名『　　　　　　　　　　　　　　　　　　　　　　　　　　　』

この本の読者との関係
□ご本人　□その他（　　　　　　　　　　　　　　　　　　　　　　　　）

ご年齢（読者がお子さまの場合お子さまの年齢）　　　　　歳（性別　　　　）

この本のことは、何でお知りになりましたか？
□書店店頭　□新聞広告　□新聞・雑誌の記事　□ネットの記事　□人にすすめられて
□図書館・図書室　□偕成社の目録　□偕成社のHP・SNS
□その他（　　　　　　　　　　　　　　　　　　　　　　　　　　　　　）

作品へのご感想、ご意見、作者へのおたよりなど、お聞かせください。

ご感想を、匿名でウェブサイトをふくむ宣伝物に使用させていただいてもよろしいですか？　□匿名で可　□不可

郵便はがき

料金受取人払郵便

牛込局承認

7559

差出有効期間
2023年4月30日
(期間後は切手を
おはりください。)

162-8790

東京都新宿区市谷砂土原町 3-5

偕成社 愛読者係 行

ご住所	〒□□□-□□□□		都・道府・県
	ふりがな		

お名前	ふりがな	お電話	

●ロングセラー&ベストセラー目録の送付を…… □希望する　□希望しない

●新刊案内を…… □希望する→メールマガジンでご対応しております。メールアドレスをご記入ください。
□希望しない

@

偕成社の本は、全国の書店でおとりよせいただけます。
小社から直接ご購入いただくこともできますが、その際は本の代金に加えて送料＋代引き手数料（300円〜600円）を別途申し受けます。あらかじめご了承ください。
ご希望の際は 03-3260-3221 までお電話ください。

SNS（Twitter・Instagram・LINE・Facebook）でも本の情報をお届けしています。
くわしくは偕成社ホームページをご覧ください。

オフィシャルサイト
偕成社ホームページ
http://www.kaiseisha.co.jp/

偕成社ウェブマガジン
kaisei web
http://kaiseiweb.kaiseisha.co.jp/

＊ご記入いただいた個人情報は、お問い合わせへのお返事、目録の送付以外の目的には使用いたしません。

日本のおやつ

材料

5こ分
- 白玉粉………20g
- さとう………10g
- ぬるま湯………150mL
- 上新粉………80g
- つぶあん………150g
- かしわの葉（生）……5枚

作り方

じゅんびしよう

* あんこを5等分（30g×5こ）して、たわら型にまるめておく。
* かしわの葉は洗って水気をふく（かんそうした葉は熱湯で10分ゆでて水につけ、冷めたら水気をふく）。

1 耐熱ボウルに白玉粉とさとうを入れる。ぬるま湯の1/3量を加え、ゴムべらでおさえるようにして、かたまりをなくす。

2 なめらかになったら上新粉を加え、残りのぬるま湯を全部入れてよくまぜる。

3 ラップをかるくかけて、電子レンジで2分加熱して、取りだす。

4 水でぬらしたゴムべらで、透明なところと白いところがなじむように、全体をよくまぜる。

5 再びラップをかけて、電子レンジで1分30秒加熱し、取りだしてまぜる。少し食べてみて、粉のざらつきを感じたらさらに30秒加熱してまぜる。ざらつきがなくなるまで、30秒ずつ加熱する。
* 合計で4分30秒くらいが目安です。加熱が足りないとこしのないもちになり、加熱しすぎるとかたくなるので、注意しましょう。

6 ぬれぶきんの上に出し、粗熱をとる。つやがでてなめらかになるまで5〜6回折りたたむようにして、体重をかけてこねる。

7 生地を5等分してまるめ、てのひらでだえん形にのばす。

8 まん中にあんこをのせ、ふたつに折り、かしわの葉で包む。

蒸し器で作るとき

ぬるま湯を80mLにする。
● 2でまぜた生地を、ひと口大にして蒸気のあがった蒸し器にならべる。強火で20分蒸し6に続ける。

教えて！ねこ先生
どうしてかしわの葉っぱで包むの？

かしわの葉は新しい芽が育つまで、古い葉が木から落ちないことから、家系がたえないことの象徴とされます。そのため子孫繁栄の願いをこめて、かしわの葉に包んだもちが、端午の節句に食べられるようになりました。さるとりいばらの葉を使う地方もあります。

たまごぼうろ

「ぼうろ」とはポルトガルから伝えられた
言葉で、「ケーキ」の意味です。
サクサク、ホロホロの食感と
なつかしいミルクの味がします。

●調理方法●
オーブンで焼く

●クッキングタイム●
25分

日本のおやつ

材料

64こ分

- かたくり粉………50g
- 薄力粉………15g
- 粉ざとう………15g
- ベーキングパウダー…小さじ1/4
- 卵黄………1こ分
- コンデンスミルク………20g
- かたくり粉（打ち粉用）…適量

作り方

1 ボウルにふるった粉類を入れる。

2 器に卵黄とコンデンスミルクを入れ、よくまぜる。1のボウルに少しずつ加え、ゴムべらでまぜる。

じゅんびしよう

* かたくり粉、薄力粉、粉ざとう、ベーキングパウダーを合わせてふるっておく。
* 天板に、オーブン用シートをしいておく。
* オーブンを160度に温めておく。

3 手で生地をひとつにまるめる。
＊生地がゆるいときは、かたくり粉（分量外）を大さじ1くらい加え、反対にかたくてまとまりにくいときは、牛乳（分量外）を小さじ1/4くらい加えて調節します。

4 打ち粉をふった台に取り、4等分し、それぞれを半分にする。棒状にのばして1本を8等分して切りわける（こうすると64こになる）。手にかたくり粉をつけてまるめ、天板にならべる。

切りわけた生地がかんそうしないように、残りの生地にはぬれぶきんをかけておこう。

5 160度のオーブンで、10〜12分焼く。うすく焼き色がつく程度で取りだし、冷ます。

冷めるとサクサクの食感になります。

作ってみよう！ そばぼうろ
（焼く30分）

材料

天板1枚分

- 卵…1こ
- きびざとう…30g
- そば粉…30g
- 薄力粉…20g
- 重曹…小さじ1/2

じゅんびしよう

* そば粉、薄力粉、重曹を合わせてふるっておく。
* 卵は卵黄と卵白に分ける（5ページに出ています）。
* しぼりだし袋の用意をする（34ページに出ています）。
* 天板にオーブン用シートをしいておく。
* オーブンを170度に温めておく。

作り方

①ボウルに卵黄とさとうを入れて、あわだて器ですりまぜる。
②卵白を7分立てにあわだてる（27ページに出ています）。半量を①のボウルに加え、ねらないようにかるくまぜる。
③ふるった粉類を2回に分けて加え、そのつど切るようにさっくりまぜる。少し粉が残っていてもよい。
④残りの卵白を加えてまぜる。しぼりだし袋に入れて、すきな形にしぼる。
＊同じ時間で焼きあがるように、だいたいの大きさはそろえましょう。生地はスプーンで流してもいいです。
⑤170度のオーブンで12〜14分焼く。

ちんびんとぽーぽー

黒い方がちんびんで、
黒ざとうを加えて焼きます。
白い方がぽーぽーで、
油みそを巻いています。
どちらも中国から伝わった食べもので、
沖縄ではお祝いのときの食べものとして
古くから用いられてきました。

●調理方法
フライパンで焼く

クッキングタイム
30分

ミックス粉も市販されているほど、沖縄ではおなじみのおやつよ。

日本のおやつ ● 沖縄県

材料

各8本分

[ちんびん]
薄力粉………100g
ベーキングパウダー…小さじ1/2
黒ざとう（粉末）………70g
水………200mL
サラダ油………適量

[ぽーぽー]
薄力粉………100g
ベーキングパウダー…小さじ1/2
水………200mL
サラダ油………適量
具：油みそ………適量

じゅんびしよう

* それぞれの薄力粉とベーキングパウダーを合わせてふるっておく。

ちんびんの作り方

1. ボウルに粉類と黒ざとうを入れ、少しずつ水を加えて、あわだて器でよくまぜる。そのまま5〜6分おいておく。

2. フライパンを中火で温め、サラダ油をうすくひく。お玉8分目くらいの量の生地をまるく流し、広げる。

ホットプレートの場合は180度だよ。

3. あわが出てふちの部分がかわいてきたら、ひっくり返す。裏をかるく焼き、取りだす。

4. 先に焼いた面を外側にして、くるくると巻く。残りの生地を焼くあいだはぬれぶきんをかけておく。

ぽーぽーの作り方

1. ボウルに粉類を入れ、水を少しずつ加えて、あわだて器でよくまぜる。そのまま5〜6分おいておく。

2. ちんびんと同じように焼く。

焼き色がつかないように白く焼くよ。

3. 両面が焼けたら、生地の1/3のところに具をのせて、くるくると巻く。残りの生地を焼くあいだはぬれぶきんをかけておく。

油みその作り方

豚三枚肉…100g　みそ…100g
さとう…40g　みりん…小さじ1
● 豚肉をゆでて小さく切る。油をひかずにフライパンで豚肉をいため、そのほかの材料を加えていためる。

ねこ先生のひとくちメモ

沖縄の「こどもの日」とハーリー

旧暦の5月4日は「四日の日（ユッカヌヒー）」といい、沖縄の「こどもの日」にあたります。子どもの成長と無病息災をおいのりして、ちんびんとぽーぽーを神仏におそなえします。この日、沖縄では、豊漁と海の安全を願うお祭り、ハーリーが行われます。ハーリーでは爬竜船という船をこいで競いあいます。子どもたちは競争を見たあと、琉球張り子の人形を買ってもらったり、家に帰ってちんびんとぽーぽーを焼いてもらったりと、楽しい一日をすごします。

世界のおやつ

パラチンキ

チェコの伝統的な定番おやつです。うすいクレープに季節のフルーツをかざったり、アイスクリームをそえたり、いろいろなバリエーションがあるのが特長です。

●調理方法●
フライパンで焼く

●クッキングタイム●
20分

世界のおやつ チェコ

材料

4枚分
- 卵………1こ
- 牛乳………150mL
- さとう………小さじ1
- 塩………ひとつまみ
- 薄力粉………70g
- サラダ油………適量

＊かざり＊
- フルーツや市販のいちごソース、ホイップクリームなど………適量

（あまくないパラチンキの場合）
- レタス、ハム、スプラウト、トマト、マヨネーズなど…適量

作り方

1 ボウルに卵を入れてほぐし、牛乳、さとう、塩を加えて、あわだて器でよくまぜる。

じゅんびしよう

＊ 薄力粉をふるっておく。
＊ フルーツを切っておく。
＊ レタスは洗って水気をふいておく。

2 ふるった薄力粉を加えてよくまぜる。

3 フライパンを中火で温め、サラダ油をうすくひく。お玉1ぱい分の生地を流しいれ、お玉の背で手早くフライパン全体にのばす。表面を1〜1分30秒ほど焼き、裏返してさっと焼いて取りだす。残りの生地も同じように焼く。

いちばんシンプルな食べ方は、粉ざとうとシナモンパウダーをふりかけて、くるくるまくものだよ。

4 生地をたたみ、皿にならべる。フルーツやいちごソース、ホイップクリームなどをかざる。

あまくないパラチンキの場合は、レタスをしき、ハムややさいなどをのせ、マヨネーズをかけてまるめる。

教えて！ねこ先生

パラチンキってどんな意味があるの？

ラテン語で「平らなケーキ」という意味の、「プラケンタ」という言葉が語源になっています。ルーマニアやハンガリーを経由して、パラチンタというよびかたになり、チェコではパラチンキになりました。

それはね…

チェー

ベトナムの冷やしぜんざいです。
季節のフルーツやあんこをたっぷり入れて
よくかきまぜて食べます。

●調理方法●
グラスに入れる

●クッキングタイム●
15分

世界のおやつ ベトナム

材料

グラス2つ分

すきなフルーツ（バナナ、パイナップル、マンゴー、いちごなど。かんづめでもよい）………適量
タピオカパール（大きい粒のもの）………80g
色つきナタデココ（なければ白いナタデココ）………60g
ココナッツミルク…100〜150mL
つぶあん………大さじ2
コンデンスミルク…大さじ2

タピオカパールってなあに？

キャッサバという植物の根っこから作られるでんぷんの粉をタピオカ粉といいます。これに水分を加えてのりの状態にしたあと、まるく加工してかんそうさせたものです。

じゅんびしよう

＊タピオカパールをゆでておく。

タピオカのゆで方

ひとばん水につけたタピオカパールを、中火で15分ゆでて火を止める。ふたをして約15分、予熱で火を通す。少し芯が残っていてもだいじょうぶ。水にとって冷やす。

＊冷蔵庫に入れておくと白くなりますが、もう一度ゆでると透明になります。小さい粒の場合はもっと早く煮えます。

作り方

1 フルーツを食べやすい大きさに切る。

2 器にゆでたタピオカパールの半量を入れ、ナタデココを入れる。

色つきゼリーでもおいしいよ。

3 フルーツと残りのタピオカパールを入れる。ココナッツミルクをそそいで、あんこをのせる。最後にコンデンスミルクをかける。

ねこ先生のひとくちメモ

チェーは無限のバリエーション

ベトナムの食べものは、フランスの植民地だった影響で、フランス料理ととなりの国の中華料理の影響を受けているといわれています。チェーはココナッツミルクをベースに、中に入れるものはさまざまです。タピオカやバナナは定番で、ほかには、いも類や豆類、寒天やゼリー、フルーツなど……。あずきと白玉だんごの入ったものは、まるで日本のお汁粉のようです。現地では屋台で売られていることも多く、子どもたちはおかわりをして食べるほどの人気です。

チェー売りの屋台。ビニール袋に入れて売っている店も。

いちごババロア

ババロアは、ドイツのバイエルン地方の温かい飲みもの「ババロワーズ」がもとになっているといわれています。

●調理方法●
冷やしかためる

クッキングタイム
25分
＋
冷やす時間

世界のおやつ フランス

材料

直径16cmの器ひとつ分
- 牛乳………60mL
- さとう………50g
- 粉ゼラチン………5g
- 水（ふやかし用）……大さじ2
- いちご…1パック（250gくらい）
- レモン汁………大さじ1/2
- 生クリーム………100mL
- かざり用いちご（小さめ）…7こ

ババロアとはフランス語で「バイエルンの」という意味だよ。

じゅんびしよう

※ 水大さじ2を入れた器に粉ゼラチンを入れ、ふやかしておく。
※ いちごをミキサーまたはこし器でつぶし、なめらかにしておく。
※ いちごを入れるボウルよりひとまわり大きいボウルに、氷水を用意する。

作り方

1 なべに牛乳とさとうを入れて中火で温め、さとうがとけたら火からおろす。

2 1にふやかしたゼラチンを加え、ゴムべらでまぜながらとかす。

3 ボウルにつぶしたいちごを入れ、2を少しずつ加える。

4 レモン汁を加える。氷水にあてながらとろみがつくまでまぜる。

5 生クリームを7分立てにあわだて、4に少しずつ加えながらまぜる。

4のいちごと5の生クリームが、同じかたさになっていると、早くきれいにまざるよ。

6 内側を水でぬらした器に入れ、ラップをかけて冷蔵庫で冷やす。しあげにいちごを半分に切って、かざる。

7分立てのかたさを教えて！

全体がもったりして、すくいあげて落とすと、とろりと少し形が残るくらいのかたさです。

スコーン

アフタヌーンティーには欠かせない焼き菓子です。
イギリスのスコットランドが発祥で、あらびきの大麦の粉を使って焼いたものが起源とされます。

● 調理方法
オーブンで焼く

● クッキングタイム
30分

世界のおやつ イギリス

材料

6こ分
- 薄力粉………130g
- ベーキングパウダー…大さじ1/2
- 塩………ひとつまみ
- きびざとう………大さじ1
- バター………50g
- 牛乳……40mL
- 強力粉（打ち粉用　なければ薄力粉でよい）………適量

じゅんびしよう

* 薄力粉とベーキングパウダーを合わせてふるい、冷蔵庫で冷やしておく。
* バターを1㎝角に切ってラップに包んで、冷蔵庫で冷やしておく。
* 天板にオーブン用シートをしいておく。
* オーブンを200度に温めておく。

作り方

1 ボウルにふるった粉類と塩、さとうを入れる。バターを加え、手でこすりあわせてざっくりと細かな粒になるように、なじませる。

粉の感じは、おからや粉チーズのイメージです。

2 牛乳を3回に分けて加える。そのつど指で回すようにまぜる。
＊こねないことがポイントです。粉が少し残っていてもだいじょうぶ。

3 生地をひとつにまとめ、打ち粉をふった台に取り、2～3回折りたたんでのばす。めんぼうで厚さ2㎝にのばし、6等分してかるくまるめる（直径5㎝のぬき型でぬいてもよい）。

4 天板にならべ、上の面につやだし用の牛乳（分量外）をはけでぬる。
＊ふくらまなくなるので側面はぬりません。

5 200度のオーブンで、表面がきつね色になるまで、18～20分焼く。
＊ジャムやクリームをつけて食べます。冷めたときはオーブントースターで温めて食べましょう。

教えて！ ねこ先生

アフタヌーンティーってなあに？

1800年代、ヴィクトリア女王がイギリスを治めていたころの食事は、1日2食で、午前9～10時ころに朝食をとり、晩餐は夜の7～8時くらいだったそうです。人びとは、晩餐までお腹をすかして待たなければなりませんでした。そこで公爵夫人のひとりが、夕方ごろに紅茶やかるいサンドイッチなどを用意して、ご婦人方を招いたのが、アフタヌーンティーのはじまりとされます。この習慣は、やがて上流階級の人びとの社交の場として流行し、一般家庭にも広まりました。今でもイギリスの伝統的な習慣として残っています。

それはね…

ポンデケージョ

ポルトガル語でポンはパン、
ケージョはチーズという意味です。
もちもちの食感が楽しい、チーズパン。
朝食にもおすすめです。

●調理方法
オーブンで焼く

●クッキングタイム
25分

世界のおやつ ブラジル

材料

16こ分
- 牛乳………40mL
- 水………40mL
- サラダ油………大さじ2
- かたくり粉（あればタピオカ粉）………100g
- 粉チーズ………50g
- 卵（全卵をときほぐして）………1/2こ分
- かたくり粉（打ち粉用）………適量

本場ブラジルでは、キャッサバという植物の根から作った、タピオカ粉というでんぷんの粉で作ります。かたくり粉でもタピオカ粉同様のもちもちした食感を味わうことができます。

じゅんびしよう

- かたくり粉をボウルに入れておく。
- 天板にオーブン用シートをしいておく。
- オーブンを180度に温めておく。

作り方

1 なべに牛乳と水、サラダ油を入れ、木べらでかきまぜながら、ふっとう直前までしっかり温める。

2 かたくり粉の入っているボウルに、1を一度に加える。

3 全体がもちもちするまで、木べらで手早くまぜる。ぬれぶきんをかけて5～10分おいて、生地の温度を下げる。

4 粉チーズとときほぐした卵を加え、つやがでるまで手でよくこねる。

5 生地をひとつにまとめ、打ち粉をふった台に取る。カードでふたつに切りわけ、それぞれを8等分してまるめる。

6 天板にならべ、180度のオーブンで、うすく焼き色がつくまで16～18分焼く。

冷めたときは、アルミホイルに包み、オーブントースターで温めてね。焼きたてと同じ、もちもちの食感になるわよ。

チャレンジ 本格おやつ

シュークリーム

フランス語では、「シュー ア ラ クレーム」といいます。
「シュー」はキャベツという意味です。
焼きあがった形がキャベツににているところから
つけられた名前です。

●調理方法●
オーブンで焼く

クッキングタイム
45分
＋
クリームを作る時間

本格おやつ フランス

材料

12こ分
- バター………40g
- 水………80mL
- 塩………ひとつまみ
- さとう………ひとつまみ
- 薄力粉………50g
- 卵………2こ

＊中につめるもの＊
- あわだてた生クリーム
  （生クリーム…60g さとう…小さじ2）
- カスタードクリーム
  （35ページに出ています）…250g
- いちご………6こ

じゅんびしよう

* 中につめるものを用意する。
* バターは早くとけるように、1〜2cm角に切っておく。
* 薄力粉をふるっておく。
* 卵をといておく。
* しぼりだし袋の用意をする（34ページに出ています）。
* きりふきの用意をする。
* 天板にオーブン用シートをしいておく。
* オーブンを200度に温めておく。

作り方

1 なべにバター、水、塩、さとうを入れ、ゴムべらでまぜながら中火で温める。バターがとけて、しっかりふっとうしたら、火を止める。

2 1のなべにふるった薄力粉を一度に加え、粉っぽさがなくなるまで、手早くまぜる。

3 もう一度弱めの中火にかけ、1〜1分30秒ほど生地をねりまぜる。なべ底にまくがはってきたら、火からおろす。

> しっかり加熱することで、グルテンができ、ねばりのある生地になるよ。焼いたときに、ふくらむためのポイントだよ。

4 ボウルにうつし、卵の半量を加えてよくまぜる。はじめは分離してなじみにくいが、切るようにまぜたり、ゴムべらをおしつけたりしてなめらかにする。

5 さらに残っている卵の半量を加えてまぜる。残りの卵は、生地をすくったとき、逆三角形にたれさがる状態になるまで、少しずつ加える。
＊少しずつ加えるのがポイント。ちょうどよいやわらかさになったら、卵が残っていても加えません。

次のページへ続きます。

6 生地をしぼりだし袋に入れて、直径3.5cmくらいにしぼる。しぼり終わりのとがっているところは、水をつけた指でおさえ、表面にきりふきで水をかける。

＊きりふきで水をかけるのは、しめっていたほうがふくらみやすいからです。きりふきがないときは、はけに水をつけて、かるくなでておきましょう。

生地はスプーンを使ってまるく落としてもいいよ。

7 200度のオーブンで15分焼く。160度に下げてさらに10〜15分焼き、しっかり焼き色をつける。焼きあがったら網にのせて冷ます。

＊とちゅうでオーブンのふたは開けないで！　水分が残っているうちに開けると、温度が下がりしぼんでしまいます。

8 冷めたらナイフで切りこみを入れる。あわだてた生クリームと、カスタードクリームをまぜあわせ、シューにつめる。しあげに、半分に切ったいちごをかざる。

ふくらむためのポイントを教えてください。

＊バターをしっかり加熱すること（短時間でとけるように、小さく切っておく）。
＊薄力粉はねばりのある生地になるまで、きちんと火を通すこと。
＊生地がやわらかくなりすぎるとふくらみにくくなるので、卵は少しずつ入れること。
＊とちゅうでオーブンのふたを開けないこと。

アイスクリームをつめるとシューアイスになるよ。ポテトサラダや、サンドイッチの具をつめるのもおすすめ！

しぼりだし袋の使い方

1 しぼりだし袋に口金を入れる。生地を入れたとき出ないように、袋の先のところをひねり、口金におしこむ。

2 高さのあるコップなどに入れ、袋を外側に折りかえす。

3 生地を入れる。へらに残った生地もコップのふちを使って、きれいに取る。

4 カードを使って、生地を口金の方によせる。きき手で持って反対の手を口金近くにそえ、しぼりだす。

カスタードクリームの作り方

材料

約250g分
牛乳………200mL
卵黄………2こ分
さとう………50g
薄力粉………20g
バニラエッセンス…2～3てき

じゅんびしよう

* 薄力粉をふるっておく。
* クリームを入れるバットよりひとまわり大きいバットに、氷水を用意する。

作り方

1 なべに牛乳を入れて、ふっとう直前まで温める。

2 ボウルに卵黄を入れてほぐし、さとうを加え、あわだて器でよくまぜる。薄力粉を加えてかるくまぜる。

3 1の牛乳を4～5回に分けて加え、そのつどよくまぜる。牛乳が全部入ったらバニラエッセンスを加え、こし器でこしながら、なべにもどす。

こうするとだまにならないよ。

4 なべの底をまぜながら、弱めの中火で煮る。

5 ぷくぷくとあわが出てきたら、こげやすくなるので弱火にする。さらに1分ほど煮て、火を通す。クリームがかるくなり、つやがでたら、火からおろす。

6 バットに広げて表面をラップでおおい、氷水にあてて冷ます。冷めたらボウルに移して、あわだて器でまぜ、なめらかにする。

●調理方法●
油であげる

●クッキングタイム●
35分

三月菓子
(サングァチグァーシ)

沖縄地方のひな祭りのときに作られるあげ菓子です。ピーナッツがアクセントです。

注意 あげものをするときは、お家の人といっしょにしましょう。

本格おやつ 沖縄県

黒ざとうで作る沖縄を代表するあげ菓子です。

材料

8こ分
- 卵………1こ
- さとう………50g
- サラダ油………大さじ1/2
- ピーナッツ………20g
- 薄力粉………120g
- ベーキングパウダー…小さじ1/4
- 強力粉（打ち粉用）………適量
- あげ油（サラダ油など）…適量

じゅんびしよう

* ピーナッツをあらくきざんでおく。
* 薄力粉とベーキングパウダーを合わせてふるっておく。

作り方

1. ボウルに卵を入れてほぐし、さとうを加えてあわだて器ですりまぜる。

2. サラダ油とピーナッツを加え、かるくまぜる。

3. 粉類は少し残して加え、ゴムべらでさっくりとまぜる。耳たぶよりややかためになるように調節する。
   ＊手でまとめたとき、べとつくようなら残りの粉を加え、ひび割れるようなら水を少しずつ加えます。

4. ひとまとめにした生地を、打ち粉をふった台に取り、2等分する。めんぼうで厚さ1〜1.5cmにのばしながら長方形にし、4つに切る。それぞれにナイフで2本の切りこみを入れる。

5. あげ油を低温の140〜150度に熱し、きつね色になるまで、5〜6分かけてゆっくりあげる。

かわいたさいばしを油に入れたとき、あわがゆっくりと出たら、油が低温になったサインだよ。

作ってみよう！サーターアンダギー

あげる 25分

材料

8こ分
- 卵………1こ
- 黒ざとう………50g
- 塩………ひとつまみ
- サラダ油………大さじ1/2
- 薄力粉………110g
- ベーキングパウダー……小さじ1/4
- あげ油（サラダ油など）………適量

じゅんびしよう

* 薄力粉とベーキングパウダーを合わせてふるっておく。

作り方

① ボウルに卵を入れてほぐし、黒ざとうと塩を加えてあわだて器ですりまぜる。

② サラダ油を入れて軽くまぜ、粉類を加えて切るようにさっくりまぜる。

③ 生地を8等分して、手にサラダ油（分量外）をつけながらまるめる。低温で全体がきつね色になるまで、7〜8分かけてあげる。まん中に竹串をさして、なにもついてこなければできあがり。

ねこ先生のひとくちメモ

旧暦の3月3日は浜下りの日

沖縄には、旧暦の3月3日に女の子たちが浜に行き、海水で身を清める「浜下り」という風習があります。そのとき持ちよるのが「三月御重」です。お重には、赤飯のおにぎりや山海の料理、よもぎもち、そして、三月菓子などがつめられます。みんなでごちそうを食べたり、しおひがりを楽しんだりします。

やしょうま

おしゃかさまがなくなられた
旧暦3月15日（地方によっては2月15日）におそなえする、
米の粉で作るもち菓子です。

●調理方法●
蒸し器で蒸す

●クッキングタイム●
45分

材料

直径3cmのもの25～30こ分

- 上新粉………200g
- さとう………60g
- 塩………ひとつまみ
- 熱湯………160mL
- かたくり粉（打ち粉用）…適量
- 色をつけるためのもの………
  抹茶（緑色）、ココア（茶色）、
  かぼちゃ（黄色）、天然色素など

じゅんびしよう

* 蒸し器の用意をする。
* ボウルに冷水を用意する。
* 中の絵を考え下絵を作る。絵に合わせて、色をつけるためのものを用意する。

むらさき（天然色素）
黄色（かぼちゃ）
白

本格おやつ 長野県

作り方

1. ボウルに上新粉、さとう、塩を入れて、よくまぜる。

2. 熱湯を少しずつ加えながら、はしでまぜる。さわれるようになったら手でひとつにまとめてこねる。耳たぶくらいのかたさになったら、6つにまるめ、平らにのばす。

3. 2を蒸し器にならべる。蒸気が通るようにすきまをあけてならべる。すきとおって、つやがでるまで強火で20分蒸す。
   ＊熱いので気をつけましょう。なべつかみや軍手を使いましょう。

4. 3をふきんにのせたまま、冷水の入ったボウルに入れて冷やす。すぐ引きあげて水気をふき、ぬれぶきんに包む。ひとつにまとめ、なめらかになるまでよくこねる。

5. 生地の1/2を取りわけ、作る絵に合わせて生地を分けて色をねりこむ。残りの生地はかんそうしないようにラップでくるみ、保存容器などに入れておく。

かぼちゃペーストをねりこむと、かぼちゃ色の生地になります。

6. 色のついた生地ができたら、中心から組みたてる。

7. 打ち粉をふった台で転がし、長くのばして食べやすい大きさにする。

8. よぶんなかたくり粉を落とす。もめん糸を使って厚さ1cmに切る。

教えて！ねこ先生　どんなやしょうまが作られているの？

地域によって特長があり、ごまやのり、大豆がねりこまれたものや、草花のもようをふくざつに表現したものなどがあります。名前については、おしゃかさまが妻のヤソダラ姫が作ったもちを食べて「ヤソダラ、うまかった」といわれ、これが「やしょうま」になったという説などいくつかあります。

かぼちゃペーストの作り方

かぼちゃひと切れ（40〜50g）をラップでくるみ、電子レンジで1〜1分30秒ほど加熱してやわらかくする。皮を取り、スプーンの背でつぶす。

レチェフラン

フィリピンのプリンです。
しっかりした食感で、とてもあまいのが特長です。
大きく作って、みんなで食べるのが
伝統的な食べ方です。

調理方法
蒸し器で蒸す

クッキングタイム
45分

本格おやつ フィリピン

材料

15×20cmの器（ホーロー）1台分

[カラメルソース]
さとう………60g
水………大さじ2
熱湯………大さじ1

[プリン液]
卵黄………5こ分
エバミルク…170mL（小1缶）
コンデンスミルク……120g

作り方

1 [カラメルソースを作る]
なべにさとうと水を入れ、中火にかける。
（スプーンなどでかきまぜないこと。）

2 はじめは大きなあわが出て、やがて小さくなり、ねばりがでてくる。外側から少し色がついてきたら、ときどきなべを回すようにしてまぜ、全体がこい茶色になったら火を止める。

じゅんびしよう
* 蒸し器の用意をする。

3 熱湯を少しずつ加えてまぜる。
（ジュッといってはねるので、手をのばして入れてね。）

4 器に流しいれる。
＊流す前にカラメルソースがかたまってしまったら、もう一度温めます。

5 [プリン液を作る]
卵黄を割りほぐし、エバミルクとコンデンスミルクを加えてまぜる。こし器でこして4の器に流す。

6 蒸気のあがった蒸し器に入れ、弱火で20分蒸す。火を止め10分間そのまま蒸し器に入れておく。

蒸す30分 作ってみよう！カスタードプリン

材料

120mLのプリン型5こ分

[カラメルソース]
さとう……40g
水……大さじ1
熱湯……大さじ1

[プリン液]
牛乳……250mL
さとう……50g
卵……3こ

じゅんびしよう
* 蒸し器の用意をする。

作り方

[カラメルソースを作る]
レチェフランのようにカラメルソースを作り、5つのプリン型に流しいれる。

[プリン液を作る]
①なべに牛乳とさとうを入れ、中火で温めさとうをとかす。
②ボウルに卵を入れ、あわだて器でほぐす。①を少しずつ加え、あわだてないようにまぜる。
③こし器でこして、スプーンであわを取りのぞき、プリン型に入れる。
④蒸気のあがった蒸し器にならべる。蒸し器のふたを少しずらして蒸気がぬけるようにして、ごく弱火で15分蒸す。型をゆすってまん中がゆれなければ、火を止め取りだす。
＊ゆるいときは、火を止めたまま、ふたをして10分間そのまま蒸し器に入れておきましょう。
⑤粗熱がとれたら冷蔵庫で冷やす。型の内側にそって竹串をひとまわりさせる。皿をかぶせてひっくり返し、ひとふりして型から出す。

みんな大すき！

じょうずにしあげるコツは、弱火でゆっくり蒸すことです。

マカロン

フランスを代表するお菓子、マカロンは、各地の修道院によって独自の作り方が伝えられてきました。

●調理方法●
オーブンで焼く

クッキングタイム
45分
＋かんそう時間

材料

12～14こ分

卵白………35g（1こ分）
グラニュー糖………35g
天然色素（赤）………適量
アーモンドパウダー……35g
粉ざとう………35g

（グラニュー糖、アーモンドパウダー、粉ざとうの量は、卵白1こ分の重さに合わせます。）

じゅんびしよう

＊ アーモンドパウダーと粉ざとうを合わせてふるっておく（ココア生地、抹茶生地を作るときは、ここで分量外のココア5g、または抹茶2gをいっしょにふるい、天然色素は加えない）。

＊ 天然色素を少しの水（分量外）でといておく。

＊ しぼりだし袋の用意をする（34ページに出ています）。

＊ しぼる位置の目安にするため、ボール紙に直径2～3cmの円を書いて型紙を作る。

作り方

1 ボウルに卵白を入れ、あわだて器で角が立つまでしっかりあわだて、メレンゲを作る。とちゅうグラニュー糖を3回に分けて加える。

「角が立つ」のもうひとつの見方は、ボウルをさかさにしても卵白が落ちないくらいのかたさだよ。

2 1のメレンゲに天然色素を加え、よくまぜる。

マカロンは少しこい色がかわいいね。

3 ふるった粉類を2回に分けて加え、ゴムべらで底の生地をすくうようにして、かるくまぜる。

4 粉がなじんだら、生地をすくってボウルの底におしあてるようにまぜ、つやのあるなめらかな生地にする。
＊この作業をマカロナージュといいます。ゴムべらですくったとき、3秒かけてゆっくり落ちるくらいのなめらかさにします。

次のページへ続きます。

5 4の生地をしぼりだし袋に入れる。
天板に円の型紙をおき、上にオーブン用シートをしいて、円の中央にしぼる。

6 そのまま室温で40分〜1時間くらいおく。指でかるくさわって、生地がついてこなくなるまで、表面をかんそうさせる。とちゅうオーブンを180度に温める。

＊晴れの日と雨の日では、かんそうするのにかかる時間がちがうので、そのつど指でさわって確認します。

7 180度のオーブンで、4分焼き、150度に下げて10〜12分焼く。

8 取りだして、天板ごとさます。オーブン用シートからはずし、クリームやジャムをはさむ。

もこもこのところがピエだよ。

ふちにふりふり（ピエとよばれます）ができたものがよいといわれます。
ピエはできましたか？

マカロンにはさむもの いろいろ

なにをはさむか考えるのも楽しみのひとつです。
はさんでから一日たったくらいが、
いちばんおいしく食べられます。

チョコレートガナッシュを作ろう

ココア味にはチョコレートガナッシュがよく合うよ！

チョコレートガナッシュ

材料
作りやすい分量
生クリーム………25mL
チョコレート………50g

作り方
①なべに生クリームを入れ、ふっとう直前まで温める。
②チョコレートをボウルに入れ、湯せんにかけてとかす。①を少しずつ加え、ゴムべらでゆっくりまぜる。まざったら氷水にあてて温度を下げ、ぬりやすいかたさにする。

市販のものも利用して、いろいろな味を楽しみましょう。

同じ色のジャムをはさむとかわいいね。

ベリージャム

マーマレード

抹茶味にはマロンペーストやあんこがおすすめ。

マロンペーストは生クリームと合わせてもおいしい。

マロンペースト

本格おやつ フランス

ねこ先生への質問箱　どうしたらじょうずに焼けますか？

マカロンは温度や生地の状態で、焼きあがりが変わってきます。
おやつ作り隊の隊員たちの質問を参考にしてみてね。

しぼったときに生地が流れてしまいました。どうしてですか？

4の作業でマカロナージュをやりすぎてしまったためですね。ふくらむ力が弱くなり、まん中がへこんで焼きあがります。マカロナージュはゴムべらで9〜10回おしあてたあとは、1〜2回ずつすくって、そのつど生地の状態を確認するといいですね。生地をしぼったあと、角がなくなり、生地がひとまわり広がるくらいのやわらかさがいいでしょう。

なかなかかんそうしません。どうしてですか？

雨の日や、湿度のある日はかんそうするのに時間がかかります。時間に余裕をもって作ってください。できれば湿度の少ない晴れた日に作るといいですね。

中が空洞になってしまいました。どうしてですか？

オーブンの下火が強いと空洞になりやすいようです。対策としては天板とオーブン用シートのあいだに、新聞紙や段ボールなどの厚手の紙をはさんでみることです（温度を下げるときに取りだします）。オーブンの機種によって、熱の伝わりかたがちがいます。何度かためしてみて、オーブンの特長を知ることが大切です。

マカロンにピエができません。どうしてですか？

かんそう時間が足りなかったためですね。その分よくふくらんだマカロンになりますよ。

ねこ先生のひとくちメモ

イタリア生まれのマカロン

フランスでは土地それぞれの、個性豊かなマカロンが作られています。共通していることは、アーモンドパウダー、さとう、卵白で作られていることと、修道女によって、伝統の作り方が伝えられてきたことです。今回作ったものはパリで人気のマカロン・パリジャンとよばれるものです。今ではフランスを代表するマカロンですが、実はイタリア生まれです。16世紀フランス国王アンリ2世のもとに、イタリア、メディチ家のカトリーヌ姫が嫁いできて、彼女が連れてきた料理人によって、たくさんのお菓子がフランスに伝えられました。そのひとつがマカロンです。

はちみつ入りのアミアンのマカロン

しぼりだした形のモンモリオンのマカロン

ひび割れが特長のナンシーのマカロン

でもだいじょうぶ。見た目は少し悪くても、おいしく食べられるよ。

つぶあんを作ろう

じっくり時間をかけて、あずきを煮てみましょう。あずきの煮えるかおりと、手作りのおいしさは格別です。

使うときは、このみのかたさにして使いましょう。なべに入れて中火で温め、木べらでまぜながら水分をとばします。やわらかくしたいときは、少しずつ水を加えます。

1時間30分〜2時間でできるよ。

材料
できあがり約850g
あずき………250g
さとう………250g

作り方

1 あずきはたっぷりの水で洗い、ごみを取りのぞく。あずきの3〜4倍の水を入れ、強火で煮る。

2 ふっとうしたらカップ1ぱいの差し水（びっくり水といいます）をする。差し水を2〜3回くり返す。
＊びっくり水をすると、あずきの皮がのび、煮えむらが少なくなります。

3 豆の表面の5〜6割にしわができ、煮汁が紅茶色になったら、ざるにあけてゆで汁をすてる。

4 あずきをなべにもどし、たっぷりの水を加えて、再び強火で煮る。ふっとうしたら、豆がおどるくらいの火加減（弱めの中火）にして、やわらかくなるまで40〜60分煮る。とちゅうアクが出てきたら取る。
＊ゆで汁が少なくなったら水を足し、いつもゆで汁があずきにかぶっているようにします。あずきによって、やわらかくなる時間はちがいます。

5 豆を指でつまんで、かるくつぶれるくらいやわらかくなったら、火を止める。
＊さとうを加えたあとはやわらかくなりません。ここでしっかりやわらかくしておきましょう。

6 さとうの半量を加え、木べらでゆっくりまぜながら中火で煮る。

7 水分が減ってきたら、残りのさとうを加えて煮つめる。冷めるとかたくなるので、少しやわらかいくらいで火を止める。バットに広げて粗熱をとる。

＊冷凍保存できます……冷めてからラップに包み、保存袋に入れて冷凍保存します。使うときは半日前に冷蔵庫に移し解凍します。100gや150gなどの小分けにしておくと、使うときに便利です。1か月を目安に使いきりましょう。

30分でできる伝統おやつ ―春・夏・秋・冬― さくいん

色の文字がこの巻に紹介されているおやつです。

あ

- アイシングクッキー………冬のおやつ　22
- アルファフォーレス………夏のおやつ　44
- アロスコンレチェ………秋のおやつ　35
- あんにんどうふ………夏のおやつ　32
- いきなりだんご………冬のおやつ　9
- いちご大福………春のおやつ　6
- いちごババロア………春のおやつ　26
- いもようかん………秋のおやつ　19
- うきしま………秋のおやつ　12
- うぐいすもち………春のおやつ　8
- うさぎまんじゅう………秋のおやつ　36
- 鬼まんじゅう………冬のおやつ　8
- おはぎ………秋のおやつ　10
- オムアリ………冬のおやつ　28
- おやき………秋のおやつ　38

か

- かしわもち………春のおやつ　16
- カスタードクリーム………春のおやつ　35
- カスタードプリン………春のおやつ　41
- カラフル白玉だんご………夏のおやつ　7
- かるかん………冬のおやつ　18
- カルターフント………秋のおやつ　30
- 関西風さくらもち………春のおやつ　13
- がんづき………秋のおやつ　40
- 関東風さくらもち………春のおやつ　14
- きな粉クッキー………冬のおやつ　23
- ギモーヴ………夏のおやつ　36
- きんぎょくかん………夏のおやつ　42
- くず切り………夏のおやつ　10
- グミ………夏のおやつ　28
- クラッシュゼリー………夏のおやつ　22
- くるみゆべし………冬のおやつ　12
- 黒みつ………夏のおやつ　11
- 紅白すあま………冬のおやつ　10
- コーヒーゼリー………夏のおやつ　23
- 五平もち………秋のおやつ　20

さ

- サーターアンダギー………春のおやつ　37
- さくらもち………春のおやつ　12
- 三月菓子（サングァチグヮーシ）………春のおやつ　36
- ジェラート………夏のおやつ　20
- シュークリーム………春のおやつ　32
- 白玉だんご………夏のおやつ　6
- しんこ細工人形………冬のおやつ　6
- スイートポテト………秋のおやつ　18
- スィールニキ………秋のおやつ　28
- スコーン………春のおやつ　28
- すはま………春のおやつ　10
- スポンジケーキ………冬のおやつ　34
- セルニック………秋のおやつ　44
- そばぼうろ………春のおやつ　19

た

- たまごぼうろ………春のおやつ　18
- チェー………春のおやつ　24
- チヂミ………冬のおやつ　30
- チョコチップクッキー………冬のおやつ　23
- チョコレートガナッシュ………春のおやつ　44
- ちんびんとぽーぽー………春のおやつ　20
- つぶあん………春のおやつ　46
- 手作りカッテージチーズ………秋のおやつ　46
- でっちようかん………冬のおやつ　14
- 動物クッキー………冬のおやつ　20
- トマトスムージー………夏のおやつ　35
- トライフル………夏のおやつ　30
- どらやき………秋のおやつ　6
- トリュフ………冬のおやつ　36

な

- 生キャラメル………冬のおやつ　16
- 生八つ橋………秋のおやつ　14
- 2色うきしま………秋のおやつ　13

は

- パステイスデナタ………秋のおやつ　32
- パッリーナ………秋のおやつ　24
- パブロバ………冬のおやつ　44
- パラチンキ………春のおやつ　22
- パレタ………夏のおやつ　24
- ハロハロ………夏のおやつ　26
- ビーバーテイル………冬のおやつ　40
- ブッシュドノエル………冬のおやつ　24
- ブラウニー………秋のおやつ　42
- フルーツあめ………夏のおやつ　16
- フルーツ大福………春のおやつ　7
- フルーツわらび………夏のおやつ　13
- べっこうあめ………秋のおやつ　16
- ホエードリンク………秋のおやつ　46
- ぽっぽ焼き………夏のおやつ　14
- ポテトチップスと野菜チップス………秋のおやつ　26
- ポルボロン………冬のおやつ　42
- ポンデケージョ………春のおやつ　30

ま

- マカロン………春のおやつ　42
- マドレーヌ………秋のおやつ　22
- まるごとアップルパイ………冬のおやつ　38
- マンゴーラッシー………夏のおやつ　34
- 水ようかん………夏のおやつ　8
- みたらしあん………秋のおやつ　9
- みたらしだんご………秋のおやつ　8
- 水無月（みなづき）………夏のおやつ　40
- ミニピザ………冬のおやつ　41
- ミルクジャム………夏のおやつ　46
- もぐらのケーキ………冬のおやつ　32
- もぐらのマジパン………冬のおやつ　35

や

- やしょうま………春のおやつ　38
- ヨウルトルットゥ………冬のおやつ　26
- ヨーグルトカスタードクリーム………夏のおやつ　31

ら

- ラムネ………夏のおやつ　18
- レアチーズケーキ………夏のおやつ　38
- レチェフラン………春のおやつ　40

わ

- わらびもち………夏のおやつ　12

伝統おやつ研究クラブ

昔からよく見かけるおやつや、その土地で作られてきたおやつを、自分でかんたんに作れたらいいな。そんな思いから始めた、中山三恵子と森谷由美子が主宰する手作りおやつの研究クラブです。世界の伝統的なおやつも、意外とかんたんに作ることができます。保存料なども入っていないのでなにより安心。さらに、そんなおやつにまつわるお話をちょっと知っていると、もっと楽しくなってきます。自分で作るよろこびや楽しさ、手作りのやさしい味を体感してもらうと共に、世界各地の食文化を知るきっかけになれば、という思いで本書を作りました。

地域のイベントやギャラリーでのケイタリング、また書籍や雑誌などで、楽しいおやつ作り、かんたん料理を提案しています。手がけた本に『はじめての料理 簡単クッキング』（日本標準）、「ゆかいなアンパンマン」シリーズ おやつコーナー（フレーベル館）、共著に『20時からの家呑みレシピ』（主婦と生活社）など。

スタッフ
- 撮影●川しまゆうこ
- コラムイラスト●竹永絵里
- キャラクターイラスト●中山三恵子
- スタイリング●川しまゆうこ・森谷由美子
- DTP●里村万寿夫
- 校正●松本明子
- 企画構成・デザイン＆編集●ペグハウス

製菓材料提供／cuoca（クオカ）http://www.cuoca.com/ tel.0120-863-639
撮影協力／オヌマカオル・ドゥミレーヴ・(有)ガーデン・森永よし子

＊おすすめ図書＊
今田美奈子『ヨーロッパ お菓子物語』2012 朝日学生新聞社
今田美奈子『お姫さま お菓子物語』2013 朝日学生新聞社
坂木司『和菓子のアン』2012 光文社
俵屋吉富／ギルドハウス京菓子 京菓子資料館 監修
　　　　　　　　　『和菓子の絵事典』2008 PHP研究所
平野恵理子『和菓子の絵本 和菓子っておいしい！』2010 あすなろ書房

＊おもな参考文献＊
大森由紀子『物語のあるフランス菓子』2008 日本放送出版協会
大森由紀子『フランス菓子図鑑 お菓子の名前と由来』2013 世界文化社
小西千鶴『知っておきたい 和菓子のはなし』2004 旭屋出版
虎屋文庫 編『甘い対決「和菓子の東西」展』2014 虎屋
長野県農村文化協会 編『信州ながの 食の風土記』2013 農文協
中山圭子『事典 和菓子の世界』2006 岩波書店
猫井登『お菓子の由来物語』2008 幻冬舎ルネッサンス
吉田菊次郎『お菓子の世界・世界のお菓子』2008 時事通信社
若菜晃子『地元菓子』2013 新潮社

30分でできる伝統おやつ　春のおやつ

2016年 7月1刷　2022年2月2刷

著　者／伝統おやつ研究クラブ
発行者／今村正樹
発行所／株式会社偕成社
　　　　162-8450　東京都新宿区市谷砂土原町3-5
　　　　電話 03-3260-3221（販売）03-3260-3229（編集）
　　　　http://www.kaiseisha.co.jp/
印刷所／大日本印刷株式会社
製本所／株式会社難波製本

©NAKAYAMA Mieko, MORIYA Yumiko 2016
27cm 47p. NDC596　ISBN978-4-03-525810-0
Published by KAISEI-SHA, printed in Japan

本のご注文は電話・ファックスまたはEメールでお受けしています。
Tel：03-3260-3221　Fax：03-3260-3222
e-mail：sales@kaiseisha.co.jp